CB063170

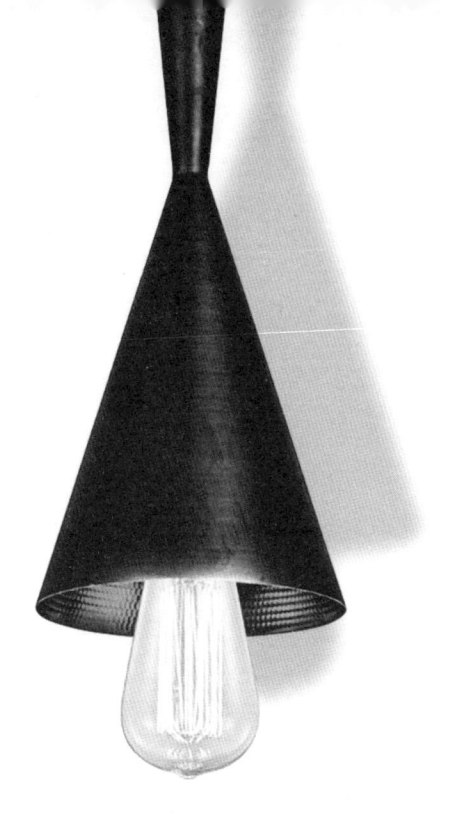

FICHA CATALOGRÁFICA
(Preparada na Editora)
Xavier, Francisco Cândido, 1910-2002.

X19n   *No Portal da Luz* / Francisco Cândido Xavier, Espírito de Emmanuel. Araras, SP, 11ª edição, IDE, 2018.

144 p.

ISBN 978-85-7341-725-8

1. Espiritismo 2. Psicografia - Mensagens I. Emmanuel. II. Título.

CDD -133.9
-133.91

Índices para catálogo sistemático:

1. Espiritismo 133.9
2. Psicografia: Mensagens: Espiritismo 133.91

NO PORTAL DA LUZ

ISBN 978-85-7341-725-8
11ª edição - maio/2018
2ª reimpressão - setembro/2023

Copyright © 1984,
Instituto de Difusão Espírita - IDE

Conselho Editorial:
Doralice Scanavini Volk
Wilson Frungilo Júnior

Coordenação:
Jairo Lorenzeti

Capa:
César França de Oliveira

Diagramação:
Maria Isabel Estéfano Rissi

Parceiro de distribuição:
Instituto Beneficente Boa Nova
Fone: (17) 3531-4444
www.boanova.net
boanova@boanova.net

INSTITUTO DE DIFUSÃO ESPÍRITA - IDE
Rua Emílio Ferreira, 177 - Centro
CEP 13600-092 - Araras/SP - Brasil
Fones (19) 3543-2400 e 3541-5215
CNPJ 44.220.101/0001-43
Inscrição Estadual 182.010.405.118
www.ideeditora.com.br
editorial@ideeditora.com.br

Todos os direitos reservados. Nenhuma parte desta publicação pode ser reproduzida, armazenada ou transmitida, total ou parcialmente, por quaisquer métodos ou processos, sem autorização do detentor do copyright.

Mensagens e meditações de
EMMANUEL

NO PORTAL DA LUZ

Através do médium
CHICO XAVIER

ide

Sumário

Primeiro Passo, Emmanuel 9
No Portal da Luz 13
Fenômenos e bênçãos 19
Perante a reencarnação 25
Dificuldades 31
Obsessores e tentações 37
Tarefas de amor 43
Parentes e companheiros 49
Familiares incompreensivos 55
Espíritos Benfeitores 61
Espíritos inexperientes 67
Considerando a mediunidade 73
Médium e Doutrina 79
Poderes psíquicos 85
Na seara de Cristo 91
Erros e imperfeições 97
Estudo e observação 103
Comunicações particulares 109
Corpo físico 115
Irmãos difíceis 121
Anotações Espíritas 127
Por que Espiritismo? 133

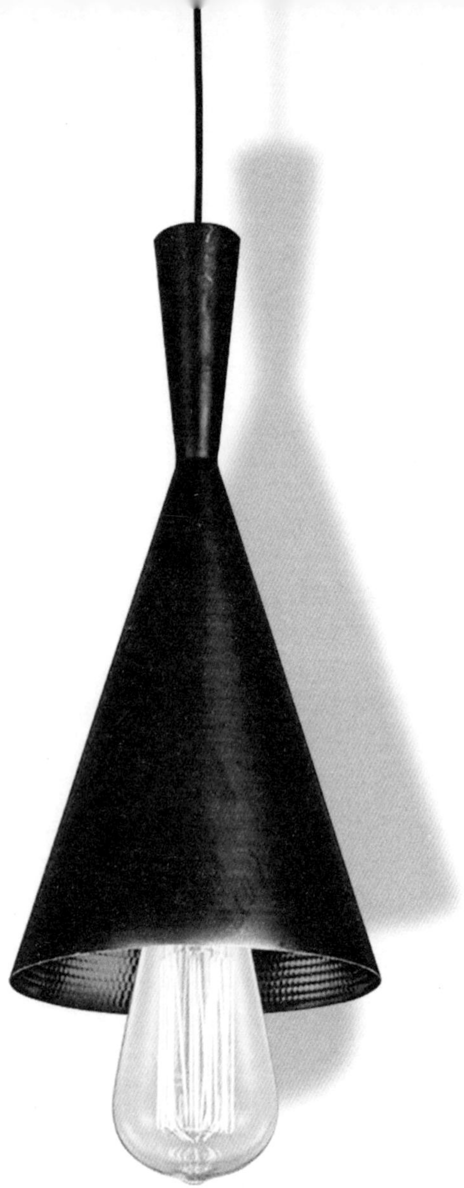

Primeiro passo

"Um pequeno mostruário de ideias, em torno dos princípios espíritas!..."

"Uma notícia breve que se leia rapidamente, à maneira de introdução ao conhecimento espírita evangélico!"

"Que se nos trace algum apontamento com respeito àquilo que os companheiros desencarnados estimariam dizer aos companheiros da Terra, quando se aproximam da Nova Revelação!"

"Um entendimento preparatório!..."

De solicitações assim expressas – nascidas

de corações confiantes – veio este singelo volume à guisa de resposta.

Certamente, estas considerações de primeiro passo, sem qualquer pretensão de doutrinar, nada mais constituem que um esforço humilde para expor algumas das situações que se fazem comuns a quantos procuram paz e trabalho, renovação e refazimento no Cristianismo Restaurado.

Agradecemos ao Senhor a alegria da tarefa, – conquanto nos vejamos absolutamente incapazes de realizá-la com o brilho desejável – rogando ao leitor amigo nos perdoe a pobreza da execução, mesmo porque, estas páginas breves são também um convite a que outros amigos encarnados se manifestem, convencidos, quanto estamos, de que muitos deles estão plenamente habilitados a fazer muito mais e muito melhor.

Emmanuel

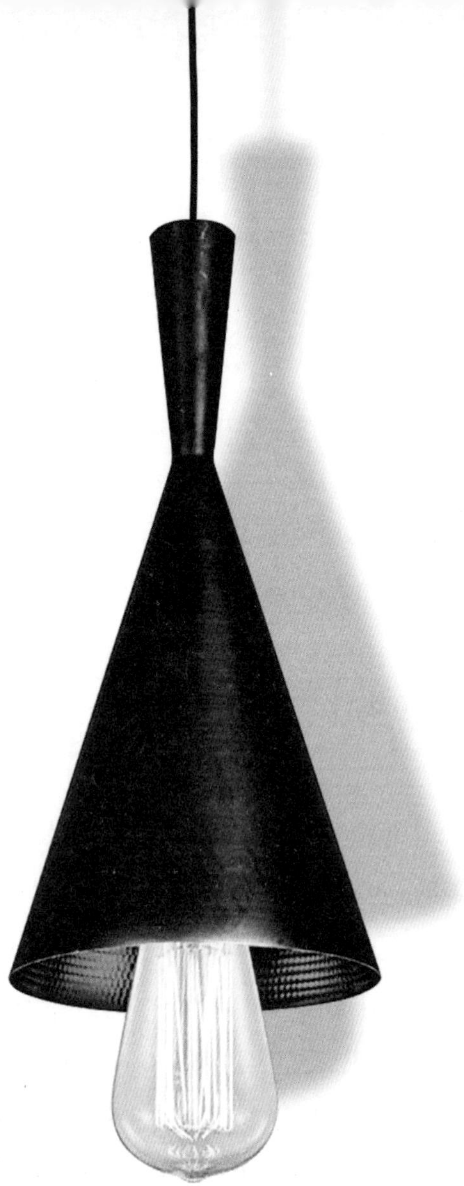

No Portal da Luz

> *Cada fruto aparece no tempo adequado.*

Aspiras à posse do conhecimento espírita evangélico?

Iniciemos o aprendizado pela reforma íntima.

Disse Jesus: "O reino de Deus está dentro de vós". Descobri-lo e estabelecer as vias de acesso para alcançá-lo depende de nós.

Será justo suplicar o socorro de Deus nas horas de aflição e construir a existência como se Deus não existisse?

Ergamos a fé raciocinada, principiando pela base do dever cumprido, de modo a que não nos falte a paz de consciência.

Em seguida, enxerguemos a nós mesmos.

Se vens da província obscura da negação, procura discernir a verdade, para perceberes a Divina Sabedoria que te rodeia em toda parte, e começa a jornada no rumo da Espiritualidade Maior.

Se procedes do distrito superado de outras crenças que não mais te satisfazem as exigências da alma, busca o entendimento de ti mesmo, de modo a prosseguires na ascensão à Vida Superior.

Jamais aniquilar o tesouro das horas com discussões estéreis.

Se te reconheces com *necessidade de mudança espiritual,* atingiste nova faixa de madureza para a grande compreensão.

Cada fruto aparece no tempo adequado.

Contempla a vida em torno com a visão mais ampla de que dispões agora e ama cada ser e cada coisa no lugar em que se encontrem e, conquanto lhes ofereças auxílio incessante, age sem a preocupação de alterá-los.

Consagra-te, acima de tudo, à edificação do reino interno. Entretanto, se o anseio de perfeição te aquece com veemência, recorda que Deus nos esperou até hoje o impulso de melhoria e, cooperando com a Providência Divina para o bem de todos os nossos irmãos, é urgente reconhecer que nenhum de nós sabe ou pode amá-los mais do que Deus.

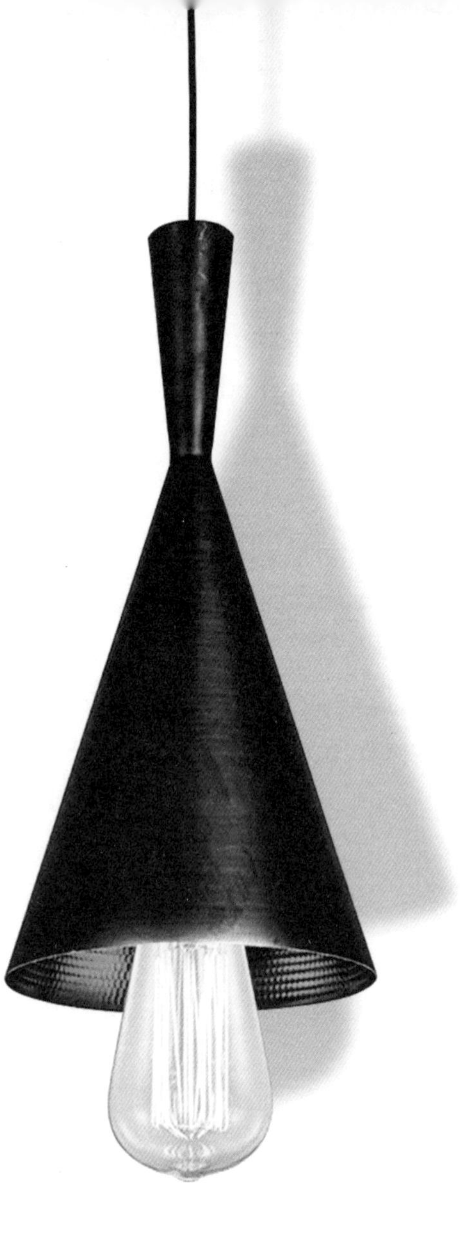

Fenômenos e bênçãos

> *Emprega-te a compreender e servir*

Examina a tua convicção começante.

Se ela nasceu de fenômenos que te impressionaram a mente ou de benefícios que recolheste, agradece o concurso daqueles que te moveram à luz, mas não permaneças indefinidamente na ofuscação que te imobiliza no louvor admirativo, qual se te demorasses sob o efeito de longa hipnose.

A natureza, em todas as plagas do Universo, é conjunto de fenômenos e bênçãos que nos desafiam o poder do estudo e a capacidade de gratidão.

O Sol é um espetáculo constante da Inteligência Divina, ante os olhos da Humanidade Terrestre que, muito de longe em longe, se lembra disso.

A fonte é uma ocorrência de materialização das mais belas, sustentando o hálito das criaturas por saciar-lhes a sede, sem que isso habitualmente as comova.

Emprega-te a compreender e servir.

Entrega os enigmas do Planeta aos cuidados da ciência que os deslindará, na hora precisa, e medita no fenômeno de tua própria individualidade.

Meçamos a nossa pequenez ante a grandeza da vida.

Vejamo-nos quais somos.

Não exagerar as nossas possíveis qualidades, mas valorizar o tempo e desenvolvê-las. Não esmorecer, à frente dos nossos defeitos, mas subjugá-los com paciência, diminuindo-lhes a força cada vez mais, até que possamos suprimi-los, por fim.

Imprescindível não esquecer que todo fenômeno é passível de dúvida, como recurso mutável e periférico.

Somente o espírito amealha valores imperecíveis.

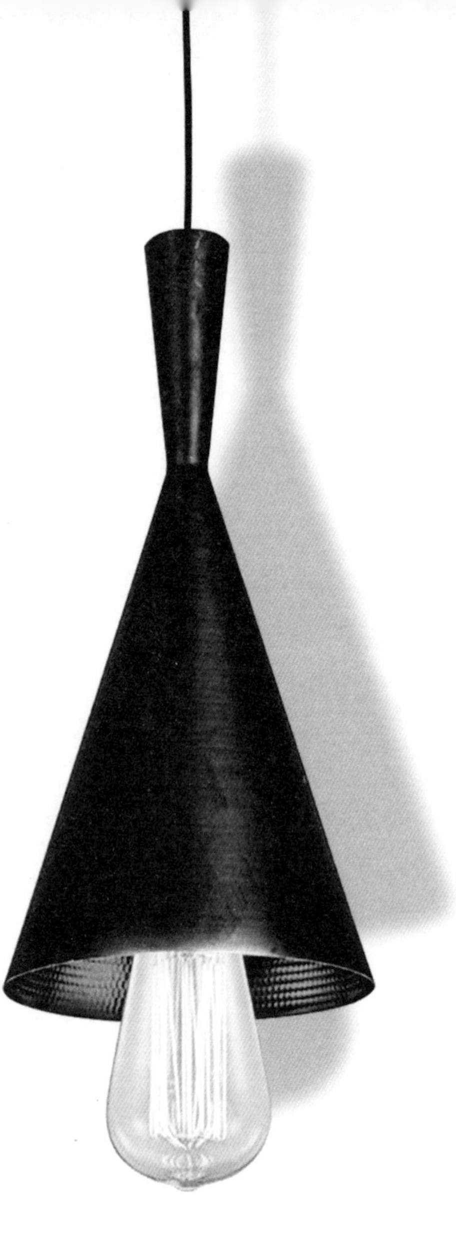

Perante a reencarnação

> *Convence-te de que retornamos à Terra com o fim de ampliar os valores do bem, cada vez mais.*

Não perderás tempo, reclamando contra a vida.

Na hipótese de que te empenhes realmente pela aquisição do conhecimento espírita, reflete na lei da reencarnação.

És um espírito eterno envergando temporária forma física, à maneira de um servidor vestindo uniforme de trabalho, francamente deteriorável e passageiro.

Observa os próprios hábitos e tendências e perceberás o que foste nas existências passadas.

Analisa os que te rodeiam, no círculo doméstico-social e identificarás com quem te comprometeste para sanar os próprios débitos ou traçar a própria senda de elevação.

Estuda o quadro que te emoldura as atividades e anotarás de que ponto deves partir em demanda à melhoria.

Sobretudo, é preciso ponderar que se ninguém nasce para o mal, muito menos renascerá para reconstituí-lo ou reafirmá-lo.

Um aluno repete o currículo de lições no objeto de ganhar a frente, não para acomodar-se à retaguarda.

Convence-te de que retornamos à Terra com o fim de ampliar os valores do bem, cada vez mais.

Indispensável corrigir-nos naquilo que erramos.

Replantar dignamente a leira do destino que relegamos outrora ao relaxamento.

Levantar aqueles que impelimos à queda.

Amar os que aborrecemos.

Acender alegria nos corações que encharcamos de lágrimas.

Estás hoje no lugar e na posição em que podes claramente doar à vida, na pessoa dos outros, tudo aquilo que és capaz de sentir, pensar, falar ou fazer de melhor.

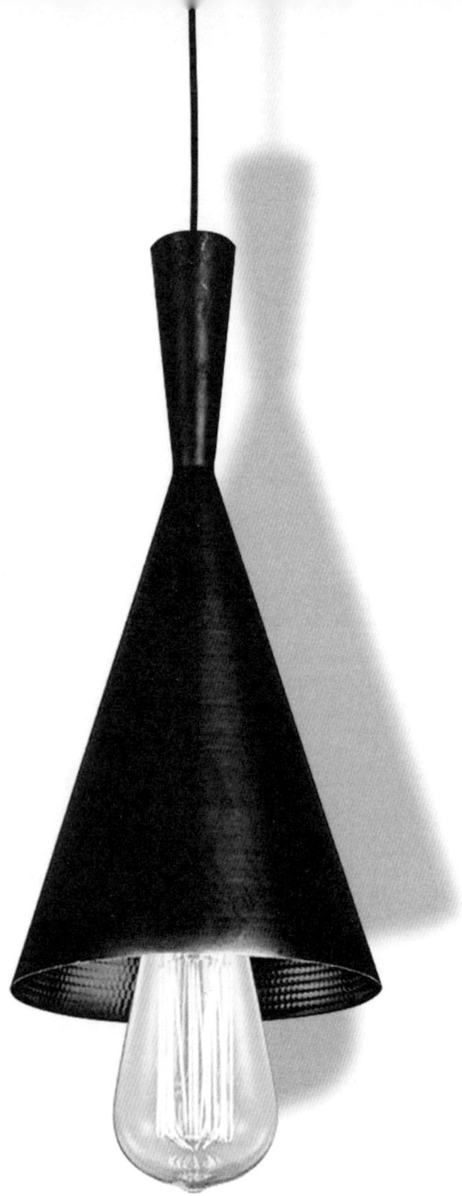

Dificuldades

> *A luz de um amigo
> clarear-te-á o caminho,
> por algum tempo, entretanto, se
> queres sobrepor-te definitivamente
> ao domínio da sombra, é forçoso
> possuas a tua própria lâmpada.*

É possível hajas despertado

para a nova fé, sob enormes dificuldades.

Guardas, talvez, a impressão de quem se vê defrontado por asfixia num cipoal...

A primeira atitude, em favor da própria libertação – não te fixares nas crises e nos entraves e, sim, sair deles honrosamente pela aplicação ao trabalho nobilitante.

A Divina Sabedoria nos confere o benefício da prova, para que venhamos a superá-la e assimilá-la, em forma de experiência, nunca no objetivo de confundir-nos ou arrojar-nos ao desalento.

Se te encontras doente, reflete na lição que te é concedida, valendo-te dela para edificar espiritualmente os irmãos que te assistem e, sob a desculpa de que sofres mais que os outros ou de que tens pouco tempo de vida, não te demandes em excessos ou irritações.

Se te observas em pauperismo, não incrimines a ninguém pelo estado de carência que atravessas, nem te revoltes contra as vantagens que favorecem os outros, mas sim, ergue-te, em espírito, e, quanto possível, esforça-te para que a diligência no desempenho das próprias obrigações te faculte novas perspectivas de reabilitação e progresso.

Aceita o concurso alheio, que todos nós precisamos do entendimento e do amparo uns dos outros, no entanto, desenvolve os teus próprios recursos.

Não creias que possas desfrutar, em caráter permanente, de benefícios que não plantaste.

A luz de um amigo clarear-te-á o caminho, por algum tempo, entretanto, se queres sobrepor-te definitivamente ao domínio da sombra, é forçoso possuas a tua própria lâmpada.

Obstáculos são desafios renovadores.

Ouvi-los e aproveitá-los é obrigação que a vida nos atribui.

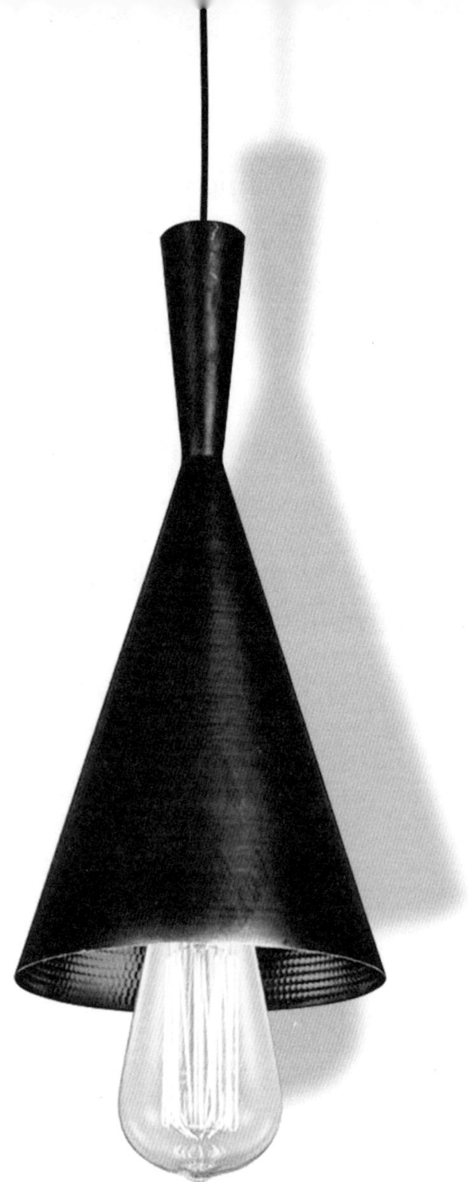

Obsessores e tentações

> *A prece ser-nos-á socorro contra o império das sugestões deprimentes, todavia, ninguém extirpará tendências infelizes sem esforço máximo de autocorrigenda.*

Ao contato das ideias renovadoras que te bafejam, afirmas-te na disposição de estudar e servir, com vistas à sublimação que demandas.

Muita vez, porém, te lamentas contra obsessores e tentações, imputando a eles fracassos e desencantos que te assoberbam. Uns e outros, contudo, são frutos de tua sementeira ou circunstâncias forjadas por teu próprio comportamento.

Partindo do princípio de que somos mais ou menos indiferentes a todos aqueles que não conhecemos, apenas experimentamos atração ou aversão por aqueles espíritos com os quais já convivemos nas existências passadas.

Diante, pois, de nossos desafetos, convém profundo autoexame, para verificarmos até que ponto seremos nós e eles os perseguidores e os perseguidos.

Por outro lado, ser-nos-á lícito classificar por seduções das trevas os impulsos inferiores que não cogitamos de arrancar ao âmago de nós mesmos?

Achamo-nos entre obsessores e tentações à maneira de alunos entre colegas e percalços da escola.

A ordem – confraternização e aprendizado.

A palavra é agente de auxílio no entendimento com os irmãos que ainda não se afinam conosco, mas o exemplo é a força que nos arrasta à desejada harmonização.

A prece ser-nos-á socorro contra o império das sugestões deprimentes, todavia, ninguém extirpará tendências infelizes sem esforço máximo de autocorrigenda.

Não alegues a carga de influências destrutivas como sendo motivo a desânimo e frustração.

Nunca olvidar que somente a luz vence a sombra, tanto quanto só o bem vence o mal.

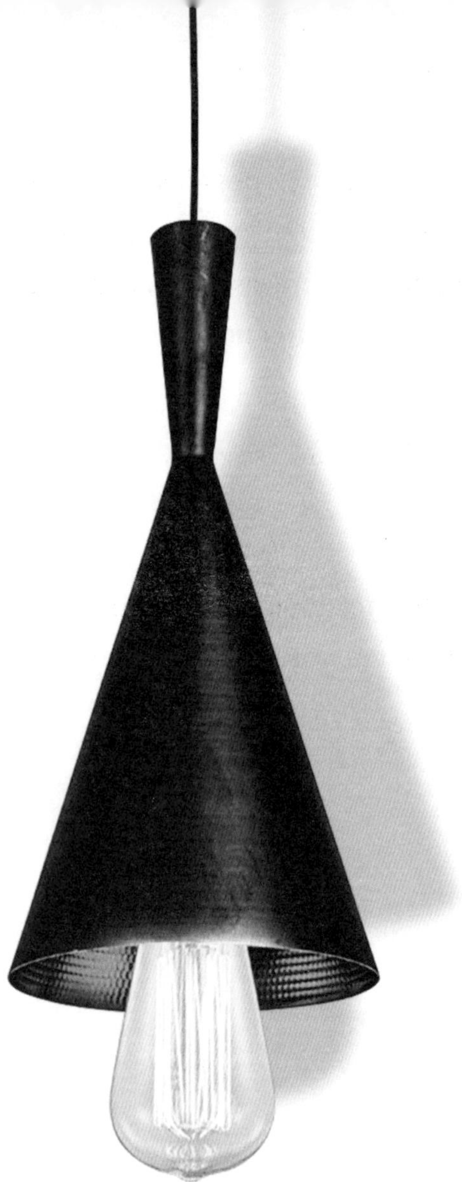

Tarefas de amor

"

*Teu lar é um ponto bendito do
Universo em que te é possível
exercer todas as formas de abnegação
a benefício dos outros
e de ti mesmo, perante Deus.*

"

Antes de examinar a nossa condição de espíritos devedores, na esfera da consanguinidade, vejamos o lar enobrecido em sua função de oficina do amor.

Para isso, é importante figurar o teu próprio sonho de felicidade para além da experiência terrestre.

Se houvesses de partir agora, ao chamado da desencarnação, decerto rogarias para teu imediato proveito o *céu do retorno aos entes amados.*

Quem não terá, enquanto na Terra, residindo para lá das fronteiras da morte, um coração materno, um pai amigo, um irmão ou um companheiro? Quem de nós não sentirá saudades de alguém, até que nos reunamos todos nos doce país da União Sem Adeus? E muitos de nós, quando nos desenfaixamos do corpo denso, somos carinhosamente acolhidos pela dedicação dos que nos precederam, apesar dos desequilíbrios que demonstremos, para a devida restauração em bases de amor.

Assim também, os seres queridos do Plano Espiritual, quando necessitam do regresso ao plano físico, ansiando a conquista de paz e reajustamento, escolhem o nosso clima doméstico para as temporadas de serviço regenerativo ou reequilibrante de que sejam carecedores, atendendo sempre aos imperativos do amor que nos associam.

Se guardas no lar alguém que te enternece pela enfermidade ou provação que apresente, não julgues teus cuidados à conta de culpa e resgate, mas sim, desenvolve-os por tributo de reconhecimento e carinho, em favor daquele coração faminto de harmonia consigo mesmo, que te procurou a companhia, em nome do afeto milenário que a ele te junge desde outras eras.

Lembra-te de que o débito da ternura e da gratidão jamais termina.

Teu lar é um ponto bendito do Universo em que te é possível exercer todas as formas de abnegação a benefício dos outros e de ti mesmo, perante Deus. Pensa nisso e o amor te iluminará.

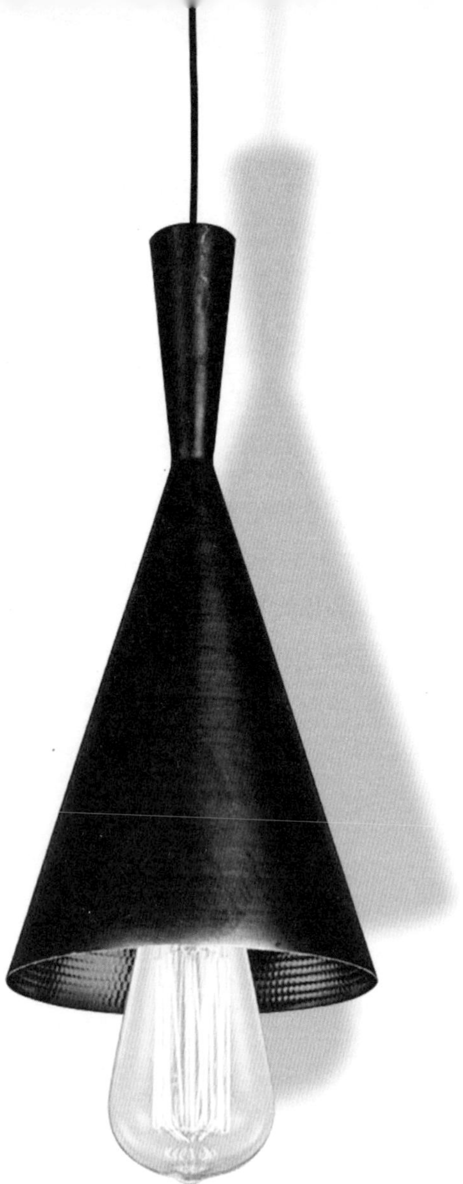

Parentes e companheiros

> *A perda do corpo físico
> não exonera o espírito imortal das
> obrigações que haja contraído...*

Por mais nos queixemos de familiares ou amigos deficientes que nos causam prejuízo ou decepção, amargura ou desalento, somos forçados a perceber que possuímos neles os reflexos de nós próprios.

Quando afastados da experiência física, por força da desencarnação, encontramos, além do mundo, os resultados de nossos erros, permeando-nos os acertos.

Raramente qualquer de nós encerra o balanço de uma existência terrestre com todos os compromissos equacionados. Desse modo, somos recorporificados no berço humano para retomar o curso dos problemas que desencadeamos no caminho dos outros, a fim de resolvê-los.

Aceita os *parentes-enigmas* e os *companheiros-testes,* à feição dos credores com que a Justiça Divina te promove o aperfeiçoamento e a tranquilidade.

A perda do corpo físico não exonera o espírito imortal das obrigações que haja contraído, tanto quanto o desgaste da veste não apaga a dívida de um homem, dívida que ele assume em plenitude de responsabilidade individual.

A esposa ou a filha desajustadas, via de regra, são as irmãs que, um dia, atiraste ao desrespeito de si próprias, e o marido ou o filho que te retalham a alma, a rigor, são aqueles mesmos companheiros que lançaste ao malogro das esperanças mais caras.

A penúria de hoje é a consequência da cobiça de ontem.

A doença de agora vem do excesso de antes.

Renteando com qualquer pessoa que te faça sofrer, exerce paciência e compreensão, auxílio e bondade.

Nós mesmos somos induzidos pela própria consciência, sequiosa de felicidade e elevação, a extirpar os espinhos que semeamos no solo bendito do tempo e da vida.

Todo débito tem sistema de resgate e todo resgate solicita execução na forma prevista de pagamento.

Isso é justo.

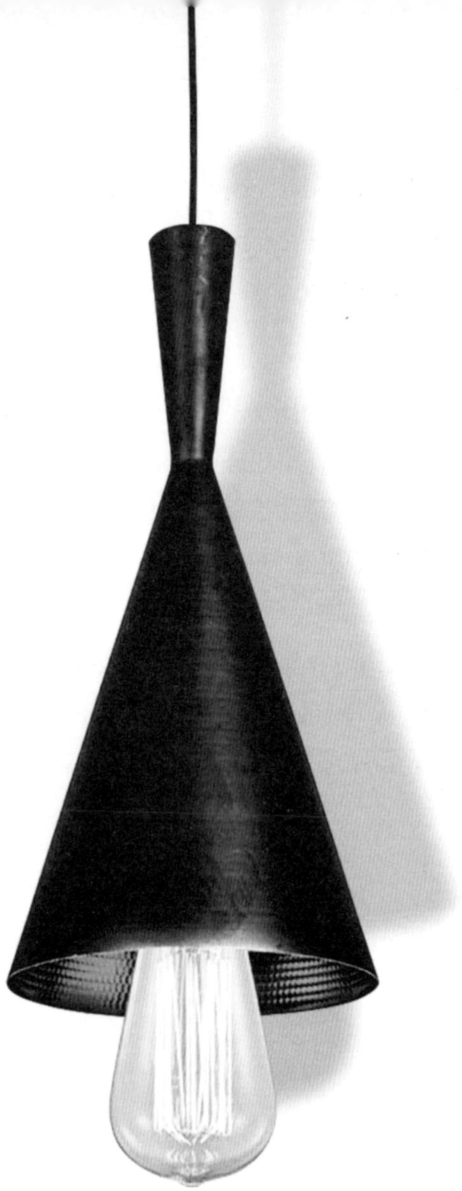

Familiares incompreensivos

> *Teu lar, tua escola.*
> *Aí dentro, serás professor e aluno*
> *ao mesmo tempo.*

Quando aceites os princípios que te renovam, é possível que a mesma compreensão não te alcance, de pronto, os familiares queridos.

Conservas, talvez, a provocação de rentear com entes amados que te recusam a fé ou tudo fazem por arredar-te da senda de luz que hoje palmilhas.

Às vezes, entristece-te por semelhante motivo, a ponto de te ameaçares com desânimo e frustração.

É forçoso, porém, vejas no lar o educandário primeiro de tu fé.

A lavoura mais próspera começou na coleção de sementes. A missão mais alta entre os homens, sem dúvida, principia nos testemunhos pequeninos de serviço e abnegação no círculo estreito em que se forma a personalidade.

Teu lar, tua escola. Aí dentro, serás professor e aluno ao mesmo tempo. Erguer-te-ás na cátedra do dever cumprido e transmitirás o ensinamento vivo do bom exemplo aos que te acompanham. Por outro lado, ouvirás, talvez, aí nesse abençoado cenáculo de aperfeiçoamento moral, frases agressivas ou conceitos ferinos que desconheces na vida pública, a fim de que aprendas paciência e humildade, no trato da purificação. As manifestações de desagrado ou corrigenda que aguardaste inutilmente dos teus maiores adversários, provavelmente recolherás, em casa, dos seres que mais amas.

Entretanto, exercita o devotamento e prossegue adiante, no cultivo de tua fé.

Não te lastimes, nem discutas.

O embate palavroso deixa o coração encharcado de fel.

A opinião dos outros a teu respeito é construída ou retificada à custa de tuas próprias demonstrações de tolerância e bondade.

Se a incompreensão te rodeia, serve sempre.

Se sofres injúria ou perseguições, serve ainda.

Se tudo parece contrariar-te aspirações e desígnios, serve mais.

Não descreias de Deus, que te segue e te vê.

Pela força do exemplo, vencerás.

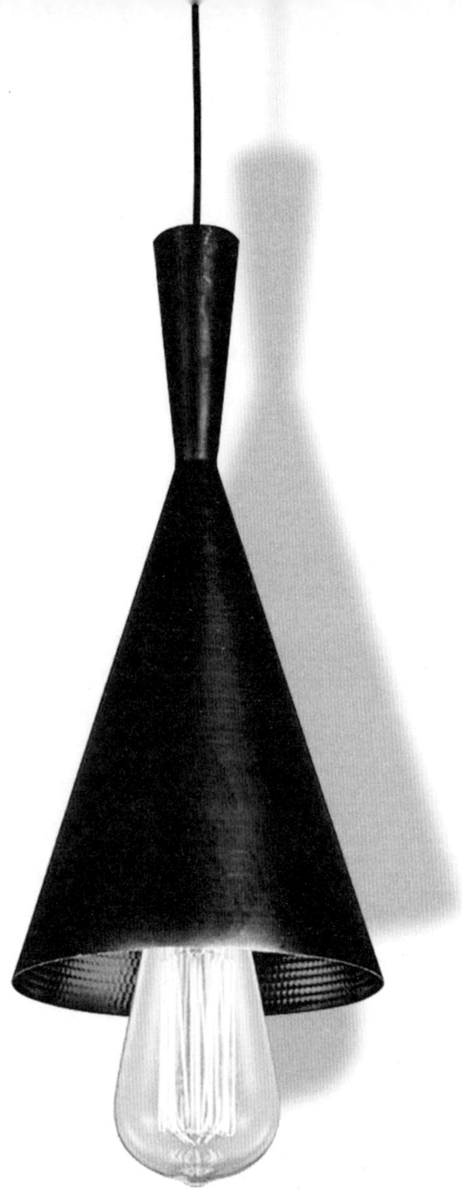

Espíritos Benfeitores

> *Melhora-te e serve.*
> *Felicidade é troca.*
> *Amor é fusão.*

Encontrarás espíritos benfeito- res que te instruirão no dever a cumprir.

Imperioso, porém, compreendas que se eles te oferecem o rumo, a ti pertence a caminhada.

A luz que te amplia a visão não te furta o serviço dos pés.

Faze-te, sobretudo, instrumento deles para que, em te auxiliando, possam igualmente agir em auxílio de outros.

Prepara-te a ser mais útil.

Se percebeste a luz da Nova Revelação, podes efetivamente estendê-la.

Serás apoiado na medida que prestes apoio.

Dá e receberás.

Aprende sem delonga que os Emissários do Senhor, quanto mais perto do Senhor, mais compreendem e mais amam.

Deixa que a caridade constante e ardente se te irradie do coração.

O amor e a felicidade são herança de todos os filhos de Deus, mas se o remédio é particularmente endereçado ao enfermo, a maior proteção é devida ao mais fraco.

Os Enviados da Providência concedem-te as Bênçãos da Providência, no entanto, esperam que saibas distribuí-las. Eles querem abençoar com os teus sentimentos e operar com as tuas mãos. Acolhem-te no regaço, à feição dos pais amorosos que almejam retratar-se nos filhos. Anseiam de tal modo pela edificação do Reino de Deus no mundo, que se esforçam para que estejas neles, tanto quanto estão eles em ti.

À vista disso, não te digas inútil.

Melhora-te e serve.

Felicidade é troca.

Amor é fusão.

Os Mensageiros Divinos aspiram a permutar as forças deles com as tuas, na recíproca transfusão de ideias e esperanças, a fim de que os Céus desçam à Terra e a Terra se eleve aos Céus.

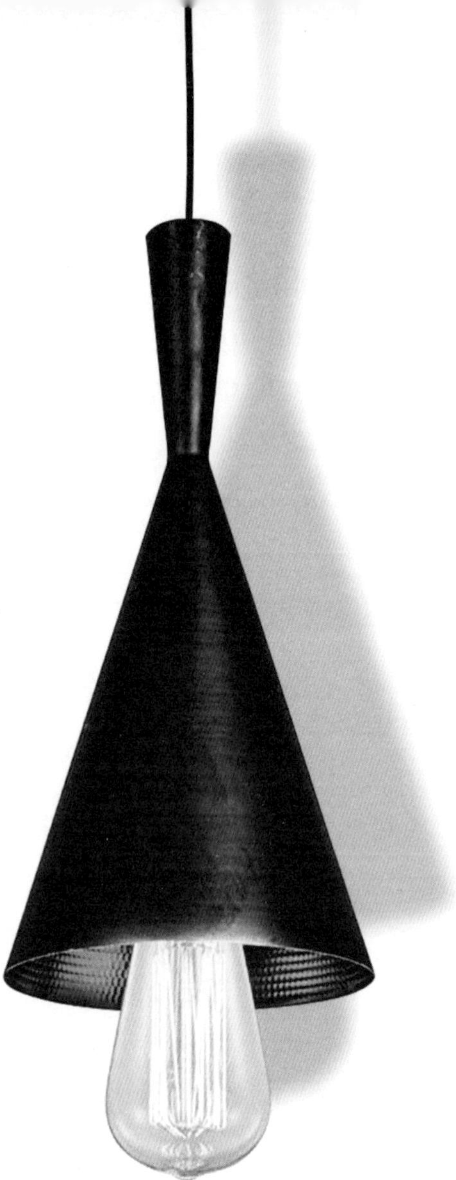

Espíritos inexperientes

"

Quem de nós, espíritos endividados e imperfeitos que ainda somos, não terá consigo algo da criança necessitada de carinho e de aprovação?

"

Na comunhão com os espíritos domiciliados no Além, encontrarás não apenas os instrutores que te induzem à disciplina e à renovação.

Qual ocorre na Terra mesmo, aqui e ali, surpreenderás espíritos inexperientes, conquanto simpáticos, que te partilham o nível de ideias e sentimentos.

Harmonizados com as tuas necessidades e inclinações, dedicam-se ao teu bem-estar e mostram-se dispostos a te servirem na condição de verdadeiros escravos, às vezes, em detrimento de teus melhores interesses na vida espiritual.

Sempre fácil e agradável o intercâmbio com eles, de vez que se te sujeitam alegremente aos menores caprichos.

Quem de nós, espíritos endividados e imperfeitos que ainda somos, não terá consigo algo da criança necessitada de carinho e de aprovação?

Embora agradecidos ao bem que semelhantes amigos nos facultam, é preciso não nos viciemos a pedir-lhes proteção indiscriminadamente e incessante. Em virtude de nos assemelharmos, de algum modo, à criança, e claramente por isso mesmo, não nos será lícito dispensar o concurso de professores que nos conduzam à aquisição do autoconhecimento, por vezes, à custa de disciplinas constrangedoras, mas necessárias.

Aceitemos a colaboração dos espíritos inexperientes, entretanto, não nos esqueçamos de que, na maioria das circunstâncias, são eles companheiros de evolução e burilamento, em condições tão deficitárias quanto as nossas.

Muita gente prefere o exclusivo convívio deles no intercâmbio espiritual, pretextando que apenas deles recolhe o conforto e a assistência de que precisa e compreendemos, em tese, essa disposição de espírito, porquanto ninguém vive sem o calor da amizade. Ponderemos, no entanto, que, sem a autoridade do instrutor que esclarece e corrige, a escola perderia a finalidade.

Agradece o concurso fraterno dos espíritos inexperientes, não obstante simpáticos, sem olvidar que eles são nossos companheiros de classe no educandário da vida, necessitados tanto quanto nós mesmos, de ensinamento e orientação.

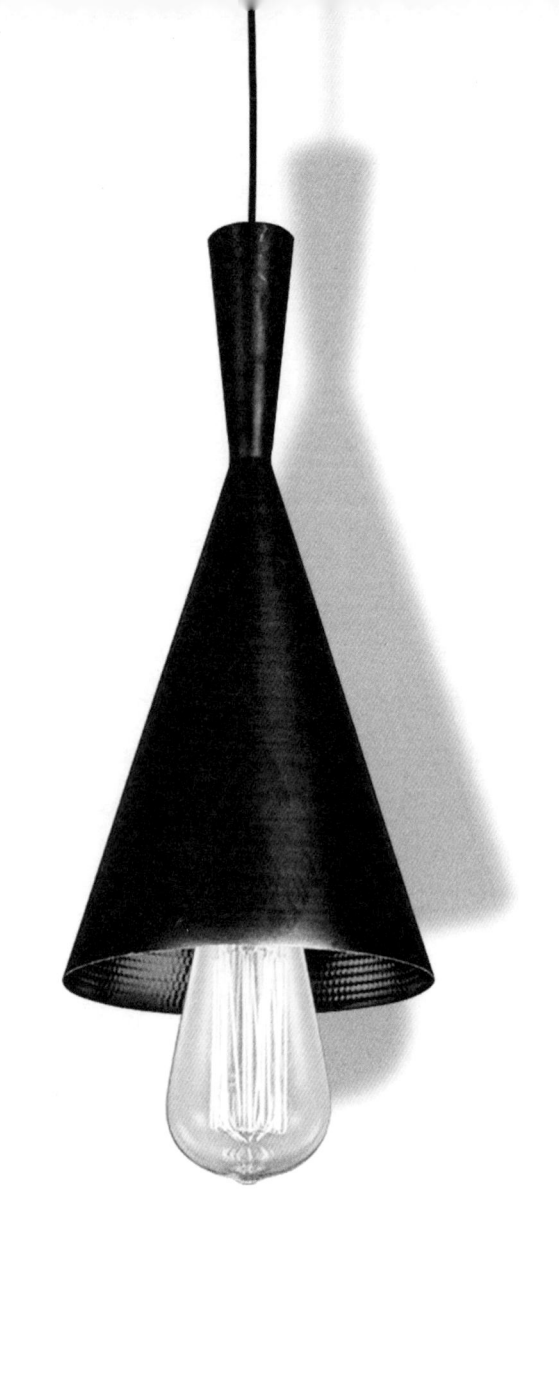

Considerando a mediunidade

"

*Não disputes primazia, mas,
ao invés disso, procura
veementemente as oportunidades
de ação que te propiciem
o prazer de ajudar alguém.*

"

A mediunidade terá surgido
em ti por instrumento de espiritualização.

Procura melhorar o próprio discernimento, para que não hajas recebido, em vão, semelhante empréstimo da Espiritualidade Maior.

Há mediunidades e mediunidades. Em razão disso, temos aquelas que se caracterizam pelas provações regeneradoras que impõem e aquelas outras que se singularizam pelas realizações nobilitantes que podem efetuar.

Todas, porém, se identificam no Bem Eterno, quando se consagram ao bem dos semelhantes.

Em determinados lances da vida, a criatura

renasce na Terra de alma arraigada à influência de entidades que ela própria desequilibrou, em existências passadas, e sofre longos processos obsessivos nos quais reconquistará a confiança e o amor dos parceiros menos felizes de outrora, ao preço de suas próprias renunciações. Vemos aí nossos irmãos de faculdades cativas a empeços restaurativos em que o médium se recuperará pelo sofrimento, a caminho de apostolados futuros.

Noutros distritos da evolução, anotamos a presença daqueles que se corporificam no mundo para o desempenho de encargos específicos, através dos recursos espirituais em ação. Por intermédio deles, os desencarnados se manifestam, colaborando a benefício dos irmãos encarnados na arena física. Cada qual, não obstante possua recursos psíquicos indiscriminados, tem a sua esfera particular de serviço.

Na condição de intérpretes dos espíritos, esse fala, aquele coopera no ministério da cura, o outro escreve, aquele outro atende à missão do esclarecimento e do reconforto, entre os companheiros que sofrem no mundo ou fora dele.

Se te reconheces portador de talentos medianímicos, asserena a própria alma e dispõe-te a servir.

Estuda as próprias faculdades e aceita o lugar onde sejas mais útil.

Não disputes primazia, mas, ao invés disso, procura veementemente as oportunidades de ação que te propiciem o prazer de ajudar alguém.

Toda tarefa é importante.

O Sol ilumina a Terra, mas a terra não produz sem a fonte.

Trabalha e trabalha.

Serve e serve.

Os Mensageiros de Deus sabem como destacar os servidores de Deus.

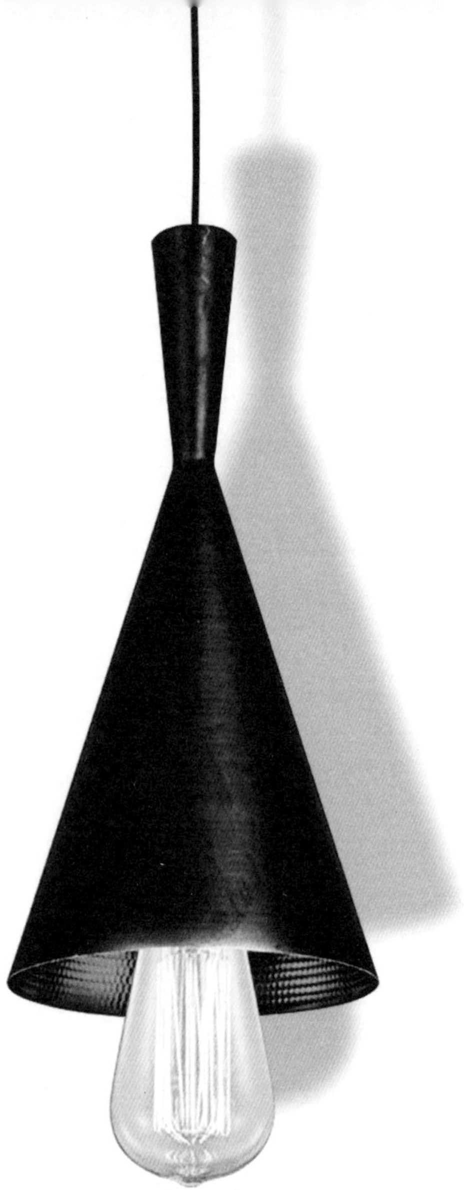

Médium e Doutrina

> *Onde seja preciso elogiar a honestidade para que a honestidade funcione, a perturbação está prestes a sobrevir.*

Imperioso separar o médium da Doutrina Espírita, como não se deve confundir a ciência com o cientista.

A ciência é um tesouro intangível de conhecimento superior.

O cientista é o veículo que a expressa.

A ciência, como patrimônio espiritual, jamais se deteriora, mas o cientista, na condição de instrumento humano, pode falhar, conquanto, muitas vezes, se recupere.

Comparemos, ainda, a Nova Revelação e a peça medianímica à usina e à lâmpada.

A lâmpada, em muitas circunstâncias, experimenta o colapso dos próprios implementos, deixando-nos na sombra, entretanto, a usina permanece incólume, pronta ao fornecimento da energia necessária à sustentação da luz em lâmpadas outras que se lhe ajustem às correntes de força.

Ainda na condição de lâmpada, o médium está sujeito à interpretação individual de que se faça objeto, assim como a luz da lâmpada obedece à coloração que lhe seja própria.

A usina está construída sobre princípios matematicamente exatos, contudo, as lâmpadas diferenciadas entre si, consumindo, às vezes, quotas iguais de força, emitirão luz verde, azul, vermelha ou amarela, segundo os materiais que lhes filtrem os raios.

Razoável, assim, que se nos compete gratidão e respeito para com o cérebro mediúnico de que nos servimos, isso não é razão para que nos eximamos do dever de estudar os princípios doutrinários para discernir com eficiência.

Ainda aqui, é justo considerar que é imprescindível ajudar as lâmpadas para que as lâmpadas nos ajudem. Cada uma delas, ante a usina, se caracteriza por determinado potencial e solicita apoio na voltagem certa, com o amparo de recursos essenciais.

Ninguém exija do médium prodígios que o médium não pode dar. E quando o médium sirva nobremente à verdade, que se lhe evite o clima de idolatria e bajulação.

Onde seja preciso elogiar a honestidade para que a honestidade funcione, a perturbação está prestes a sobrevir.

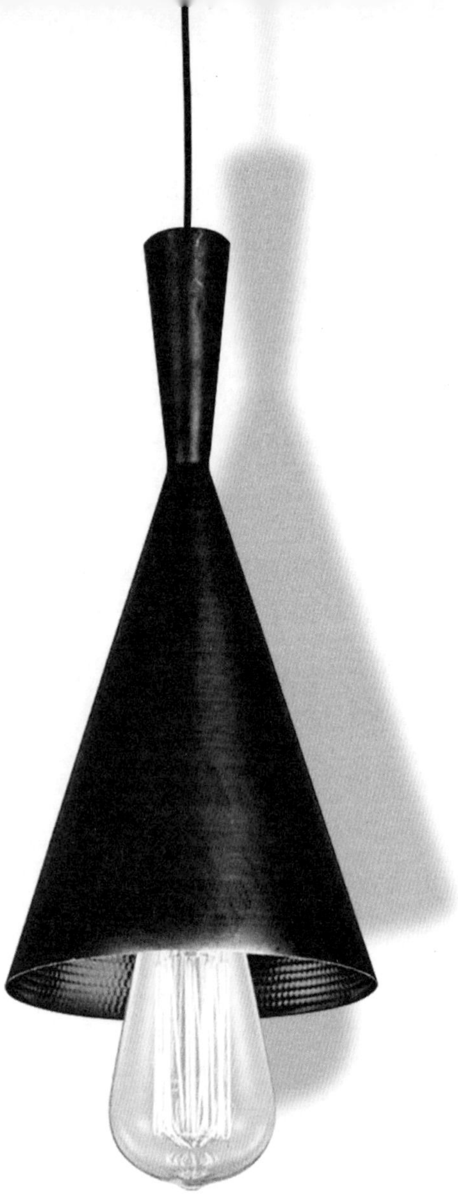

Poderes psíquicos

> *Auxilia a educação da mediunidade, onde estiveres, com todos os recursos lícitos ao teu alcance.*

Autoridades eminentes em as- suntos do espírito desaconselham a educação da mediunidade, alegando que o desenvolvimento dos poderes psíquicos oferece perigos ao candidato, seja por exaurir-lhe a força nervosa ou por situá-lo na vizinhança das esferas inferiores do Mundo Espiritual.

Não obstante o respeito que nos merece a presença edificante dos investigadores da verdade que adotam semelhante atitude, é preciso compreender que nos achamos à frente da energia medianímica, na mesma posição daqueles que se surpreenderam, um dia, perante a eletricidade ou a roentgenterapia.

Seria justo fugir da força elétrica, recusando-lhe os benefícios, tão somente porque o trato com ela ofereça riscos aos que lhe controlam o material de condução? desistir do serviço radioterápico simplesmente porque, em certas condições, é suscetível de causar queimaduras?

Todos sabem que o fogo é bênção do reduto doméstico, desde épocas imemoriais da Humanidade e todos estamos igualmente informados de que o fogo desgovernado gera o incêndio destruidor.

Urge compreender que a Doutrina Espírita é o sistema de preparação do médium tanto quanto o instituto eletrotécnico é a casa de formação do eletricista.

Mediunidade na família humana é semelhante a qualquer agente da natureza, reclamando orientação e burilamento.

Falem por nós os obsediados de todos os graus e de todas as procedências que, desde milênios, expiam, nos manicômios ou nas prisões, nos hospitais e nos lares da Terra, a ignorância que até hoje mantemos, coletivamente, no que diz respeito à energia mediúnica explorada ou dominada pelas inteligências enfermiças ou delirantes nas trevas de espírito.

Auxilia a educação da mediunidade, onde estiveres, com todos os recursos lícitos ao teu alcance.

Raciocínio e discernimento.

Serviço e amor.

Todo médium consagrado ao bem é veículo precioso para a manifestação dos Mensageiros do Eterno Bem.

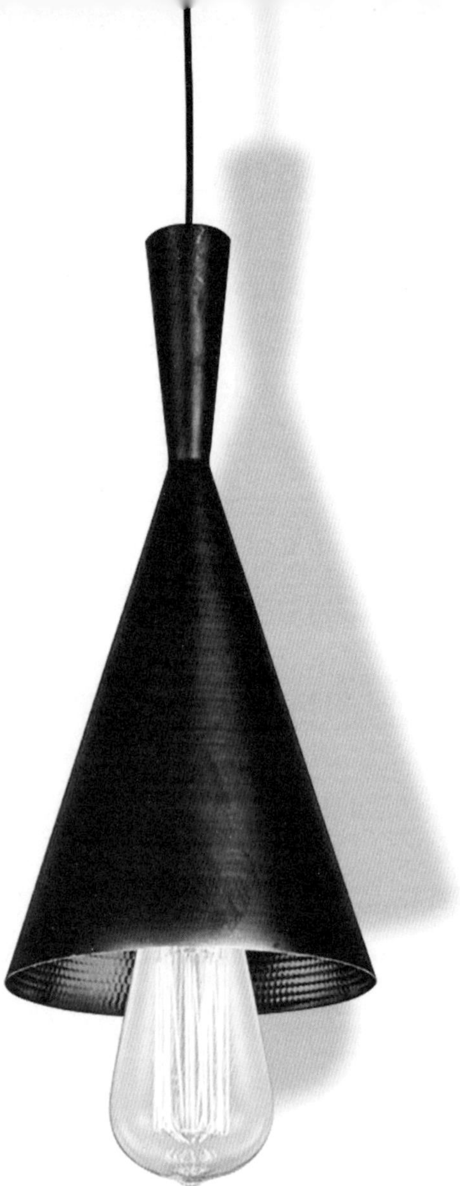

Na Seara de Cristo

"

*Não permaneças à margem.
Tomemos posse do nosso privilégio
de aprender e servir.*

"

Realmente, a mediunidade, em maior ou menor grau, reside em nós todos, – sejamos nós cultivadores da verdade, encarnados ou desencarnados, – entretanto, muitos companheiros alistados para a marcha renovadora do progresso espiritual, acusam-se inaptos, na construção do bem, por não possuírem desenvolvimento mediúnico mais amplo.

Existem, todavia, vastas fieiras de obrigações a serem cumpridas, fora dos labores medianímicos propriamente considerados.

No exame de semelhante assertiva, vejamos algumas de nossas atitudes negativas para que nos seja possível avaliar o acervo imenso de tarefas a que nos cabe atender.

Na condição de espíritas –, estejamos ou não atrelados ao carro físico –, muito frequentemente perpetramos erros clamorosos, como sejam:

colocar Jesus em nossas palavras e não em nossas vidas;

desertar da evangelização;

não dar importância à vida espiritual;

desdenhar a prece;

recusar o estudo;

nunca encontrar tempo para as boas obras;

não praticar todo o bem de que sejamos capazes;

cair na indisciplina, a pretexto de esposar uma doutrina de livre-pensamento e fé raciocinada;

deixar de considerar todas as criaturas como sendo criaturas irmãs perante Deus;

não partilhar o sofrimento dos semelhantes, embora respeitando-lhes sempre a maneira de vida e o modo de ser;

cultivar desafetos;

embrenhar-se na autodeterminação, desprezando os preceitos evangélicos que proclamamos respeitar;

não assumir responsabilidade, diante do bem de todos, atendendo a temores e preconceitos.

Fácil verificar que nem só de mediunidade se alimenta a edificação de Jesus, na Casa Terrestre. Mais que isso, a obra do auxílio e educação para a vitória do Cristo de Deus é inimaginável na grandeza e complexidade com que se apresenta.

Não permaneças à margem.

Tomemos posse do nosso privilégio de aprender e servir.

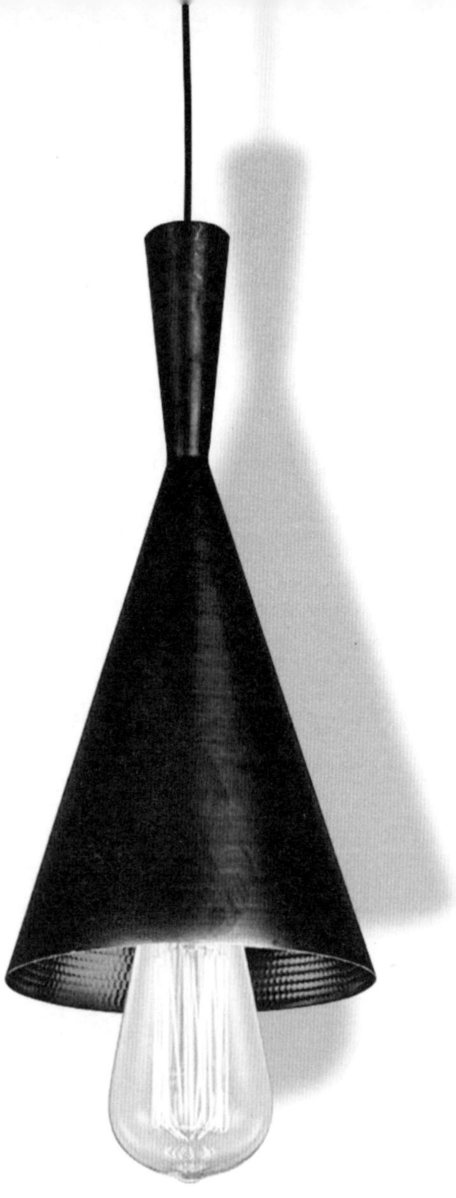

Erros e imperfeições

> O menino é trazido à escola a fim de aprender, o obreiro é conduzido à oficina para familiarizar-se com ela.

Comumente, aqueles que abraçam a Doutrina Espírita, em lhe observando o parque de revelações e ensinamentos –, todos eles alicerçados no Evangelho de Cristo –, declaram-se mais ou menos incapazes de lhe praticarem as lições.

A pretexto de fraquezas e defeitos, muitos se afastam dos encargos em que se iniciam, ao passo que outros muitos nem se animam a começar.

Que dizer, porém, da criança que fosse retirada do ensino, sob a desculpa de que ainda está longe da madureza? do operário afastado da máquina, suposto insipiente?

O menino é trazido à escola a fim de aprender, o obreiro é conduzido à oficina para familiarizar-se com ela.

Somos igualmente levados à Obra de Cristo para integrar-nos na edificação do Reino de Deus, a principiar de nós mesmos.

Qual acontece no levantamento de grande edifício, há serviço para todos os que se proponham a trabalhar.

Não alegues ignorância ou deficiência para fugir da obrigação que nos cabe.

Ninguém adquire qualquer gênero de experiência simplesmente num dia.

Tarefa, seja qual for, exige iniciação.

Não largues ao amanhã o bem que possas fazer hoje.

Relaciona as tuas possibilidades e verifica em que setor conseguirás oferecer o melhor de ti. Em seguida, considera-te engajado na empresa do Senhor, a serviço de teus irmãos.

Trabalha e trabalha.

Se o passado te arroja sombra ao coração, esquece a sombra e trabalha por mais luz no próprio caminho.

Se alguém te ofendeu e conservas algum detrito de mágoa, olvida a mágoa e trabalha por entesourar mais amor.

Incorpora-te à sinfonia de serviço de que se constitui o Universo.

Dos sóis da imensidão às últimas gotas d'água no centro da Terra, tudo o que há de bom e belo nasce e vive do trabalho constante.

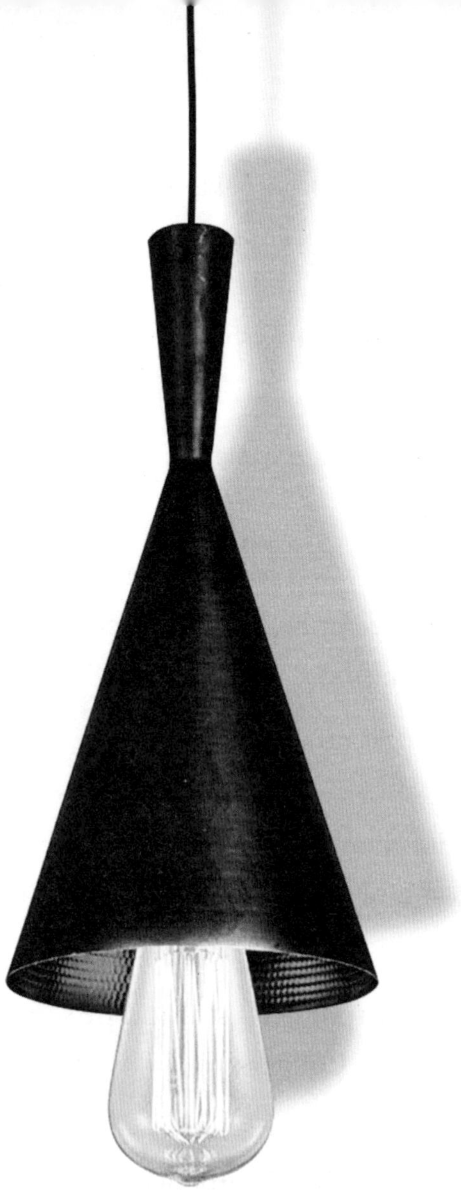

Estudo e observação

> *Nunca olvidar que Espiritismo significa Cristianismo interpretado com simplicidade e segurança, para que não venhamos a resvalar na negação, fantasiada de postulados filosóficos.*

Abraçando a fé raciocinada, ao espírito não será lícito eximir-se ao estudo.

Valer-se do pensamento alheio, a fim de progredir e elevar-se, mas formar as ideias próprias.

Ler e meditar.

Aprender e discernir.

Antes de tudo, compulsar Allan Kardec e anotar-lhe os princípios, de maneira a observá-los no cotidiano, é obrigação dos que se abeberam nas fontes do Cristianismo Redivivo.

Não só frequentar as lições do Codificador da Doutrina Espírita, mas, igualmente, confrontar-lhe os textos com os ensinamentos do Evangelho de Jesus.

Render culto à evangelização, através dos fundamentos espíritas.

Jamais esquecer de associar Kardec ao Cristo de Deus, qual o próprio Kardec se associou a Ele em toda a sua obra.

Nunca olvidar que Espiritismo significa Cristianismo interpretado com simplicidade e segurança, para que não venhamos a resvalar na negação, fantasiada de postulados filosóficos.

Estudar para compreender que, sem Jesus e Kardec, o fenômeno mediúnico é um passatempo da curiosidade improdutiva.

Pesquisar a verdade para reconhecer que a própria experimentação científica, só por si, sem consequências de ordem moral, não resolve os problemas da alma.

Colaborar com simpatia nos movimentos de perquirição que se efetuam em torno das atividades medianímicas, mas sem prejuízo dos encargos e responsabilidades espíritas, valorizando o tempo, sem perdê-lo, de modo algum, nas indagações ociosas e infindáveis.

Selecionar os livros em disponibilidade, escolhendo aqueles que nos purifiquem as fontes da emoção e nos melhorem o nível de cultura.

Conquanto admirando a palavra do apóstolo: "examinai tudo e retende o melhor", não se comprometer com a literatura reconhecidamente deteriorada.

Difundir, quanto possível, as letras nobilitantes.

Proteger o livro espírita e a imprensa espírita com as possibilidades ao nosso alcance.

Concluir, em suma, que tanto necessita o homem de alimento do corpo quanto de alimento da alma e que tanto um quanto o outro exigem cuidado e defesa, higiene e substância, na formação e na aplicação.

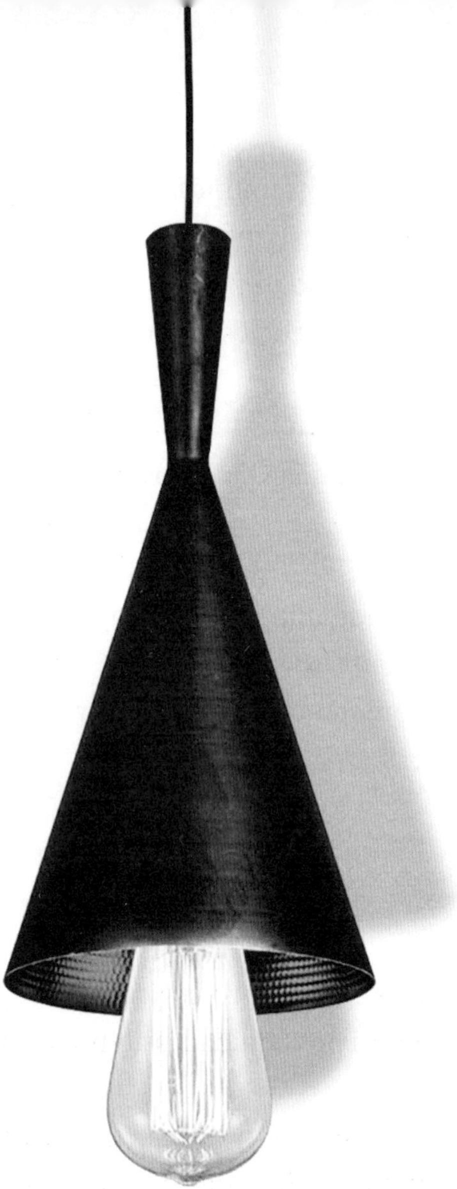

Comunicações particulares

"

...*mais acertado ajudá-los em silêncio, transferindo notícias pessoais para situações oportunas.*

"

Muitos daqueles que se abeiram da Nova Revelação chegam famintos de consolo e sequiosos de informação acerca dos entes queridos que se transferiram para o Mais Além.

Muitos revelam aflitivas saudades, outros carregam simples indagações.

Nesse sentido, porém, há que tranquilizar o coração e entesourar entendimento.

Ponderar que os desencarnados nem sempre dispõem de meios para se entremostrarem qual se encontram.

Noutro aspecto do problema, o desligamento do corpo físico lhes terá imposto tamanha mudança no modo de ser e de ver, que muitos deles preferem a própria ocultação, a fim de se esquivarem a revelações que em nada adiantariam aos entes amados que ficaram na Terra. Desistindo sabiamente de avisos prematuros que apenas tumultuariam, sem proveito, o espírito dos ouvintes, julgam mais acertado ajudá-los em silêncio, transferindo notícias pessoais para situações oportunas.

Ainda no assunto, em vários casos, o médium em lide pode funcionar, à maneira da campainha de alarme, concitando ao estudo da imortalidade da alma pelas ocorrências supernormais que provoca, sem oferecer, entretanto, recursos imprescindíveis às comunicações de natureza individual.

Sempre aconselhável recordar os amigos que partiram do mundo, cumprindo-lhes os deveres que deixaram inacabados ou cultivando os ideais mais nobres a que se afeiçoaram durante a existência física.

Lembrá-los sem aflição, abençoá-los em pensamento, sem constrangê-los a manifestações provocadas que apenas lhes desfigurariam a palavra ou a presença.

A pouco e pouco, em resposta às afetuosas aspirações que recolhem, eles mesmos encontrarão o caminho para trazerem espontaneamente a mensagem de ternura e reconforto aos corações que se recordam.

O pronunciamento do amor parece flor da alma e toda flor pede confiança e serenidade para desabrochar plenamente.

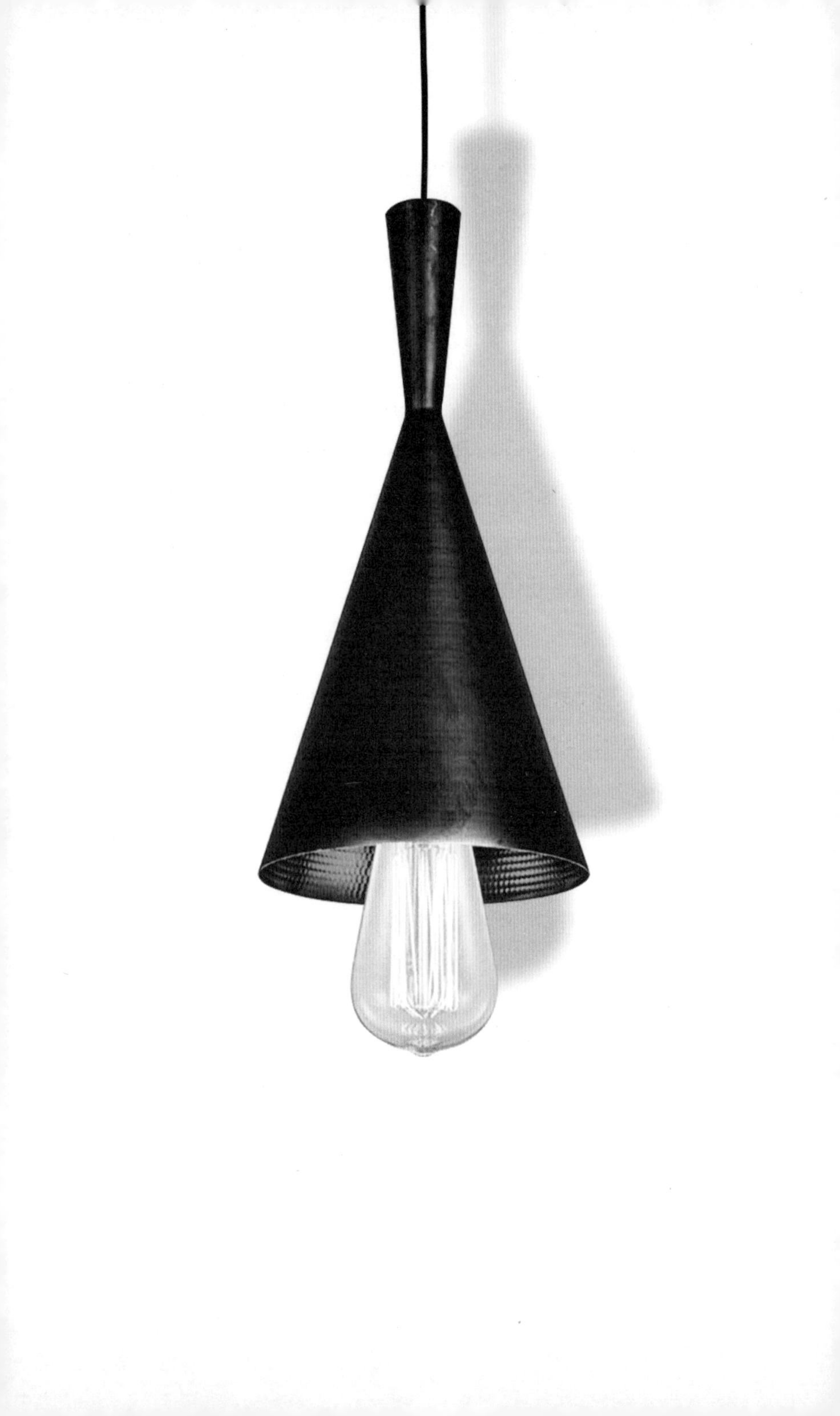

Corpo físico

Não esperes o sofrimento para bendizer a felicidade perdida. Trabalha, realiza, procura o bem e aperfeiçoa-te agora.

Alguns daqueles que abordam a luz renovadora dos princípios espíritas, deslumbram-se diante das perspectivas do Universo, enternecem-se com as revelações da imortalidade, capacitam-se da grandeza da vida e, quase sem perceber, se alheiam do corpo físico que lhes serve de bendito instrumento ao desempenho de valiosos encargos na estância terrestre. Há mesmo quem chegue a desprezá-lo, no pressuposto de que semelhante comportamento lhes abrevia o trabalho de burilamento moral.

Simples ilusão dos que se ausentam da lógica que orienta os processos da natureza.

Antes que o pão abrilhante a mesa, o trigo

que lhe deu forma passou pelo claustro materno da terra benfazeja, a fim de constituir-se.

No mesmo sentido, que adiantaria ao aluno de letras primárias frequentar a universidade, claramente sem bases para assimilar as lições dos cursos superiores?

A cela física, na escola do Planeta, é a carteira de estudo ou o cubículo de retificação que nos patrocina o progresso. Abençoá-la, conversá-la, auxiliá-la e preservá-la, através de hábitos baseados em equilíbrio e retidão, nos quais os recursos da existência sejam usados sem excessos, é simples dever.

Geralmente, muitos de nós somente nos apercebemos da preciosidade de uma bênção depois que essa mesma bênção nos escapa das mãos.

É assim que, muito comumente, apenas quando caímos na enfermidade irreversível ou após ultrapassar as fronteiras da desencarnação é que atribuímos ao corpo físico a importância de que ele se reveste.

Não esperes o sofrimento para bendizer a felicidade perdida.

Trabalha, realiza, procura o bem e aperfeiçoa-te agora.

É pelo corpo físico que entesouramos experiências de subido valor para a eternidade.

Ampara teu corpo para que teu corpo te ampare. Se robusto, não lhe dissipes em vão as energias e agradece-lhe o equilíbrio de que desfrutas. Se doente ou mutilado, defeituoso ou inibido, agradece-lhe o ensejo de reajuste.

Teu corpo é o livro em que aprendes na escola da vida. Não lhe fujas ao apoio do trabalho, nem à luz da lição.

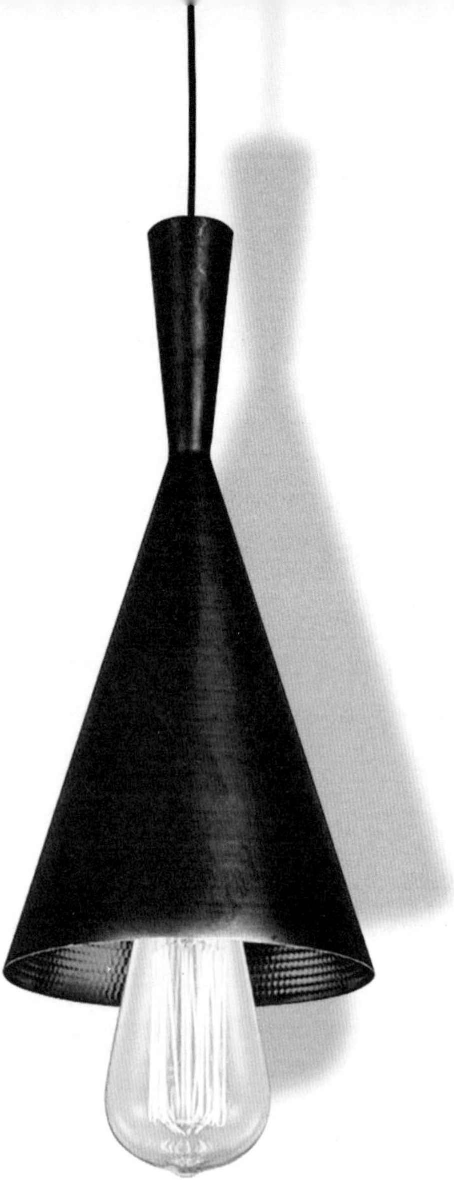

Irmãos difíceis

"

Se algum irmão difícil se te constitui provação no caminho, esteja onde estiver, põe especial atenção no serviço que lhe possas prestar. Extingue o foco da antipatia com o antisséptico da oração...

"

Problema a considerar, os irmãos difíceis.

Em muitas ocasiões, no limiar da iniciação espírita, renteamos com eles, como que a nos experimentar a fé renovadora. Patenteiam-se por indiscutíveis remanescentes de nossas existências do pretérito, figurando-se meirinhos da Justiça Eterna, a pedir-nos contas de atos mínimos.

Seria justificável frustrar impulsos edificantes ou secar a fonte do trabalho espiritual que se nos indica à regeneração e ao progresso, tão somente porque não se nos fazem agradáveis, de imediato, ao modo de ser? Recomendável desertar da lição porque se revele intrincada e obscura?

Não te dês à fuga, quando esse desafio reponte da estrada.

Recorda os irmãos difíceis em tuas preces diárias, figura-lhes mentalmente a imagem, qual se estivessem diante de ti e roga ao Senhor os envolva em Sua Bênção.

Dirige-lhes a tua silenciosa mensagem de simpatia e, sempre que surja o ensejo devido, auxilia-os em tudo aquilo que lhes possa ser útil.

Em geral, somos também menos simpáticos para todos aqueles que situamos nessa posição.

Se há quem nos contrarie, instintivamente, contrariamos também a muitos companheiros, às vezes, sem perceber.

Se aqueles que ainda não se afinam conosco denotam erros aos nossos olhos, os erros que carregamos se destacam aos olhos deles.

Amor e paciência, tolerância e amparo fraterno são os recursos adequados para os embaraços desse jaez.

Se algum irmão difícil se te constitui provação no caminho, esteja onde estiver, põe especial atenção no serviço que lhe possas prestar. Extingue o foco da antipatia com o antisséptico da oração e do entendimento, da paz e da colaboração desinteressada.

Aversões que surgem são crueldades mentais do passado que reaparecem. Toda crueldade mental é doença do espírito e toda doença pede cura.

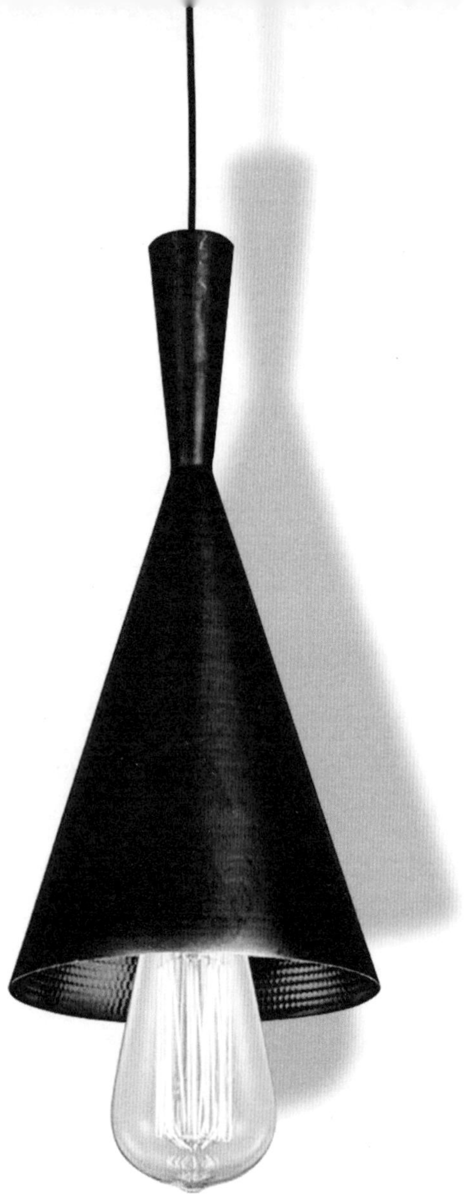

Anotações espíritas

"

*Melhoremo-nos hoje e
tudo ser-nos-á melhor amanhã.*

"

De todas as mensagens que provavelmente aguardas do Além, nenhuma delas mais expressiva que a do Cristo no Evangelho: "ama e serve".

O conhecimento superior é clarão que verte do Mais Alto para que te ilumines, clareando os caminhos por onde transites.

Amar sem exigir.

Compreender sem condenar.

Cultivar o otimismo, no entanto, não crer que a verdade se erija em vitórias fáceis.

Unge-te de confiança, contudo, sente raciocinando, para que não raciocines sem apoio no sentimento.

Indiscutivelmente, o mal existe em forma de ignorância, no entanto, as vítimas do mal serão, um dia, recuperadas no Bem Eterno.

Em todas as circunstâncias, particularmente naquelas que se enunciem no desfavor de teus interesses, deixa que a caridade te inspire a benefício dos outros.

Pensa na própria imortalidade e, acima de quaisquer patrimônios, prefere sempre o da consciência tranquila.

Não permitas que o dia se escoe sem que atendas, pelo menos, a um ato de bondade ou a breve aquisição de algum conhecimento nobilitante.

Não levarás para o Mundo Espiritual nem as possibilidades materiais de que usufruas e nem os títulos que te exornem o nome, mas, sim, a vida que levas, com todo o cortejo das imagens dignas ou menos dignas, felizes ou menos felizes que hajas criado. Por isso mesmo, no Além, antes de conviveres com os outros, viverás contigo mesmo, em plena observância da Lei: "a cada um por suas obras".

Devotados Instrutores Espirituais não apenas te amam e te protegem, todavia esperam também por teu aperfeiçoamento, a fim de que lhes expresses no mundo a mensagem de cooperação e de amor.

Valoriza a tua permanência na Terra e, cumprindo retamente todos os deveres que as circunstâncias te designam, faze o bem que possas.

A vida eterna vibra em nós, agora.

Movimenta-se a Terra em plenos Céus.

Hoje, o grande momento.

Melhoremo-nos hoje e tudo ser-nos-á melhor amanhã.

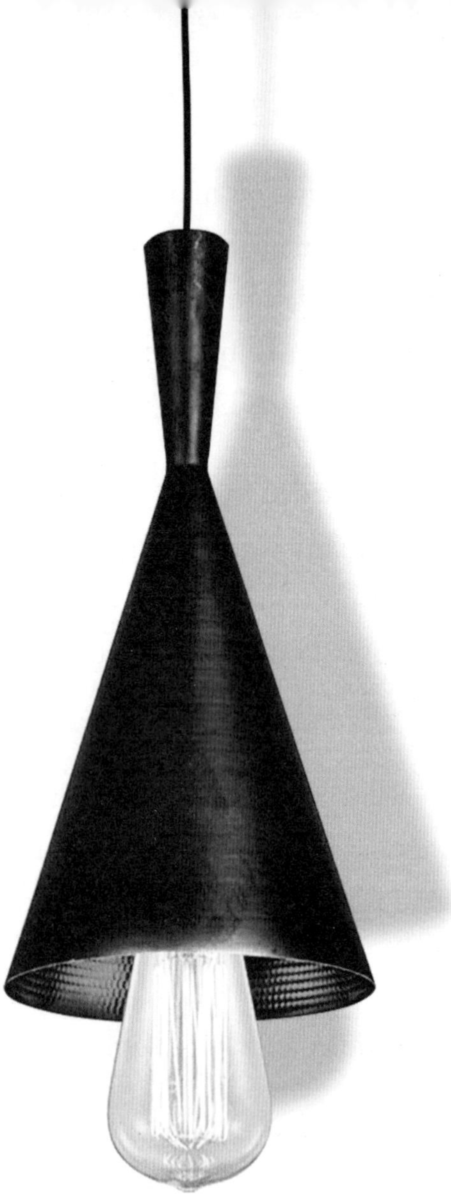

Por que Espiritismo?

"

Deus é amor.

A Vida é imperecível.

O espírito é imortal.

A terra é um dos múltiplos lares da imensidade cósmica.

A Humanidade é uma só família.
*Cada criatura é responsável por si
e cada um de nós é
artífice do próprio destino.*

"

Todas as religiões são parcelas da verdade.

Todas as religiões – caminhos para Deus – são bênçãos e luzes da Humanidade e para a Humanidade.

Então, indagar-se-á, por que o Espiritismo?

Tentemos esclarecer, porém, que as religiões tradicionais, embora veneráveis, jazem comprometidas com preconceitos e dogmas que, até certo ponto, lhes são necessários à função e à estrutura. No âmbito delas, a criatura se satisfaz, até que a indagação lhe exija voos para além das constrições impostas pela autoridade humana ou até que a dor lhe estilhace o envoltório de crenças úteis, mas superficiais, no qual se acomoda à estreiteza de vistas.

Desde o século XIX, a ciência experimental e a filosofia especulativa partiram para novos empreendimentos, multiplicando descobertas e invenções que mudaram completamente a face externa dos povos. Entretanto, por outro lado, o sofrimento e a morte continuam os mesmos.

Impõem-se demonstrar ao homem que todos os avanços de que dispõe para senhorear a natureza exterior, não o exoneram do autoconhecimento. Para conhecer-nos, porém, com o devido proveito, necessitamos de religião que nos integre na responsabilidade de viver e de agir, porquanto, sem religião, o homem não passa da condição de animal aperfeiçoado, impelido a cair no mesmo nível dos animais inferiores.

A Doutrina Espírita é aquele Consolador prometido às criaturas pelo Divino Mestre, consagrado a explicar-lhes, em momento oportuno, as verdades eternas; e, pelas verdades eternas que o Espiritismo nos descortina, sabemos positivamente que não há morte e que a Justiça da Vida funciona, acima de tudo, na consciência de cada um. Deus é amor. A Vida é imperecível. O espírito é imortal. A terra é um dos múltiplos lares da imensidade cósmica. A Humanidade é uma só família. Cada criatura é responsável por si e cada um de nós é artífice do próprio destino. Devemos a nós mesmos o bem ou o mal, a vitória ou a derrota que nos assinalem os dias.

Temos, assim, na Doutrina Espírita, a Religião da Sabedoria e do Amor, vigente em quaisquer plagas do Universo, a estabelecer o nosso reencontro com o Evangelho de Jesus.

De posse dela, qualquer de nós está habilitado a acertar, regenerar, construir, melhorar e aperfeiçoar com o bem, onde, como e quanto quiser.

No portal de luz da Nova Revelação, estamos defrontados pela presença renovadora do Cristo de Deus.

Sigamos adiante com Ele e, segundo a promessa dEle próprio, o amor guiar-nos-á para a luz e a verdade nos fará livres.

IDE | Conhecimento e educação espírita

No ano de 1963, Francisco Cândido Xavier ofereceu a um grupo de voluntários o entusiasmo e a tarefa de fundarem um periódico para divulgação do Espiritismo. Nascia, então, o Instituto de Difusão Espírita - IDE, cujos nome e sigla foram também sugeridos por ele.

Assim, com a ajuda de muitas pessoas e da espiritualidade, o Instituto de Difusão Espírita se tornou uma entidade de utilidade pública, assistencial e sem fins lucrativos, fiel à sua finalidade de divulgar a Doutrina Espírita, por meio de livros, estudos e auxílio (material e espiritual).

Tendo como foco principal as obras básicas de Allan Kardec, a preços populares, a IDE Editora possui cerca de 300 títulos, muitos psicografados por Chico Xavier, divulgando-os em todo o Brasil e em várias partes do mundo.

Além da editora, o Instituto de Difusão Espírita também se desenvolveu em outras frentes de trabalho, tanto voltadas à assistência e promoção social, como o acolhimento de pessoas em situação de rua (albergue), alimentação às famílias em momento de vulnerabilidade social, quanto aos trabalhos de evangelização infantil, mocidade espírita, artes, cursos doutrinários e assistência espiritual.

Ao adquirir um livro da IDE Editora, além de conhecer a Doutrina Espírita e aplicá-la em seu desenvolvimento espiritual, o leitor também estará colaborando com a divulgação do Evangelho do Cristo e com os trabalhos assistenciais do Instituto de Difusão Espírita.

www.idelivraria.com.br

Fundamentos do Espiritismo

1º Crê na existência de um único Deus, força criadora de todo o Universo, perfeita, justa, bondosa e misericordiosa, que deseja a felicidade a todas as Suas criaturas.

2º Crê na imortalidade do Espírito.

3º Crê na reencarnação como forma de o Espírito se aperfeiçoar, numa demonstração da justiça e da misericórdia de Deus, sempre oferecendo novas chances de Seus filhos evoluírem.

4º Crê que cada um de nós possui o livre-arbítrio de seus atos, sujeitando-se às leis de causa e efeito.

5º Crê que cada criatura possui o seu grau de evolução de acordo com o seu aprendizado moral diante das diversas oportunidades. E que ninguém deixará de evoluir em direção à felicidade, num tempo proporcional ao seu esforço e à sua vontade.

6º Crê na existência de infinitos mundos habitados, cada um em sintonia com os diversos graus de progresso moral do Espírito, condição essencial para que neles vivam, sempre em constante evolução.

7º Crê que a vida espiritual é a vida plena do Espírito: ela é eterna, sendo a vida corpórea transitória e passageira, para nosso aperfeiçoamento e aprendizagem. Acredita no relacionamento destes dois planos, material e espiritual, e, dessa forma, aprofunda-se na comunicação entre eles, através da mediunidade.

8º Crê na caridade como única forma de evoluir e de ser feliz, de acordo com um dos mais profundos ensinamentos de Jesus: "Amar o próximo como a si mesmo".

9º Crê que o espírita tenha de ser, acima de tudo, Cristão, divulgando o Evangelho de Jesus por meio do silencioso exemplo pessoal.

10º O Espiritismo é uma Ciência, posto que a utiliza para comprovar o que ensina; é uma Filosofia porque nada impõe, permitindo que os homens analisem e raciocinem, e, principalmente, é uma Religião porque crê em Deus, e em Jesus como caminho seguro para a evolução e transformação moral.

Para conhecer mais sobre a Doutrina Espírita, leia as Obras Básicas, de Allan Kardec.

www.idelivraria.com.br

leia estude pratique

Conheça mais sobre
a Doutrina Espírita
por meio das obras de
Allan Kardec

ide ideeditora.com.br

Mensagens e meditações de

EMMANUEL

Através do médium

CHICO
XAVIER

Outras obras de
CHICO XAVIER - EMMANUEL

ATENÇÃO
CHICO XAVIER - EMMANUEL

...este livro, claramente simples, é constituído por páginas de fraternidade e entendimento, considerando-se que, muitas vezes, as ações impensadas nascem de fadiga e precipitação e quase nunca de maldade manifesta. Por esse motivo, rogamos "Atenção".

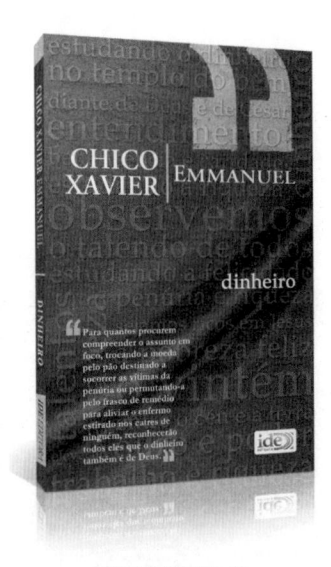

ISBN: 978-85-7341-486-8 | Mensagens
Páginas: 128 | Formato: 14 x 21 cm

DINHEIRO
CHICO XAVIER - EMMANUEL

Para quantos procurem compreender o assunto em foco, trocando a moeda pelo pão destinado a socorrer as vítimas da penúria ou permutando-a pelo frasco de remédio para aliviar o enfermo estirado nos catres de ninguém, reconhecerão todos eles que o dinheiro também é de Deus.

ISBN: 978-85-7341-447-6 | Mensagens
Páginas: 96 | Formato: 14 x 21 cm

Outras obras de
CHICO XAVIER - EMMANUEL

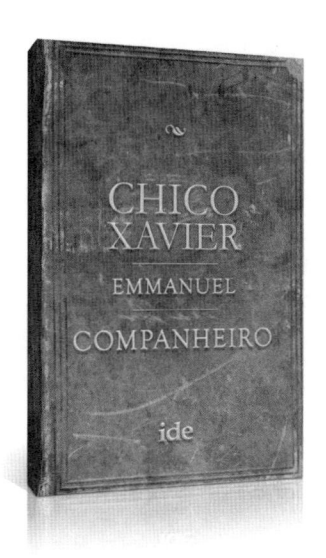

COMPANHEIRO
CHICO XAVIER - EMMANUEL

"Em quaisquer circunstâncias, nas quais te vejas de coração sozinho ou empobrecido de forças, contempla a imensidade dos céus, ergue a fronte, enxuga o pranto e caminha para diante, conservando o bom ânimo e a esperança..."

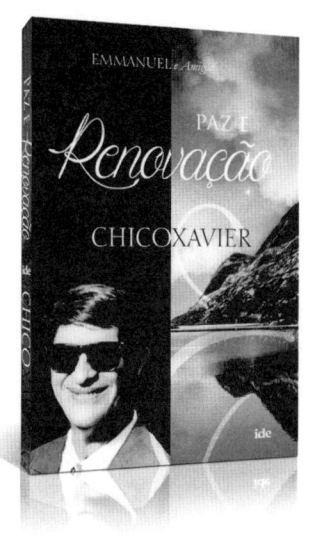

ISBN: 978-85-7341-585-8 | Mensagens
Páginas: 160 | Formato: 14 x 21 cm

PAZ E RENOVAÇÃO
CHICO XAVIER - EMMANUEL

"A renovação íntima é o fator básico de todo reequilíbrio.

Daí procede, leitor amigo, a organização deste volume despretensioso, englobando avisos, apelos, comentários e lembretes de irmãos para irmãos, no propósito de estudarmos juntos as nossas próprias necessidades.

É um convite a que nos desagarremos das sombras do desânimo ou da inércia, para nos colocarmos todos no encalço das realidades do Espírito."
Emmanuel

ISBN: 978-85-7341-688-6 | Mensagens
Páginas: 224 | Formato: 14 x 21 cm

idelivraria.com.br

Pratique o "Evangelho no Lar"

Allan Kardec
O Evangelho Segundo o Espiritismo

Aponte a câmera do celular e faça download do roteiro do **Evangelho no lar**

Ide editora é nome fantasia do Instituto de Difusão Espírita, entidade sem fins lucrativos.

📷 ideeditora   f ide.editora   🐦 ideeditora

◀◀ **DISTRIBUIÇÃO EXCLUSIVA** ▶▶

boanova editora

Av. Porto Ferreira, 1031 | Parque Iracema
CEP 15809-020 | Catanduva-SP
📞 17 3531.4444   💬 17 99777.7413

📷 boanovaed
▶ boanovaeditora
f boanovaed
🌐 www.boanova.net
✉ boanova@boanova.net

Fale pelo whatsapp   Acesse nossa loja